JN439930

꽃이라서 아프다

꽃이라서 아프다

신덕엽 제16시집

세종출판사

- 서문 -

뼈 앙상히 드러난 시가 가련하여
다시 옷을 입힌다

바람만 겨우 막을 수 있는 얇은 옷마저
비상을 더디게 하는 무게라면

또다시 벗을 수밖에 없는
그 옷으로
우선 시린 맨살을 가린다.

2023년 문턱에서
신덕엽

차례

5 서문

1부

15 사랑
16 오이고추를 먹으며
17 유리에게
18 비상
19 털머위
20 소탐대실
21 시월이 지나가는 길목에서
22 뒤집기
23 가볍게 또 가볍게
24 낙엽들끼리
25 나와 너는 공범
26 기레기는 기러기가 아니다
27 포크와 나이프
28 가을의 겸허한 자리
29 버려진 손
30 고독
31 대봉감
32 영0과 무無
33 변비
34 가을 끝머리에 서서

완패 35
독버섯 36
한 번쯤 뒤돌아보라 37
아직도 자라는 중 38
칠월, 그 무렵 39
비정한 이별 40
스크린도어 41
꽃이라서 아프다 42
천하장사 43
탈출하는 법 44
도저히 이해가 안 될 때 45
삶의 식탁 46
상처가 말하다 47
나목, 이행시 48
부재가 존재를 알리다 49
동백동산에서 50
외풍 51
미로 52
전철 속에서 53
얼음5 54
쓰레기는 밥이었다 55

2부

59 웃음을 터뜨리다
60 보름달
61 사라진 팻말
62 이슬2
63 상실의 시대9
64 악몽을 꾼 후
65 나와 너
66 또다시 한 몸이 되려는 이유
67 이월
68 비가3
69 죽
70 둥근 것의 실체
71 오월 중에
72 디귿(ㄷ)
73 떨어뜨리면서 산다
74 서류가 필요한 세상
75 사랑의 모습
76 햇살 두레박
77 구멍5
78 고개
79 꽃이 꽃 그대로가 아닐지도
80 물구나무서기

나를 팔다 81
그림자 82
맑은 날2 83
머리 아닌 가슴으로 84
봄 85
어떤 삶 86
건널목에서 87
직립의 슬픔 88
꽃눈 내리는 날 89
침입자 90
2호선 91
건망증을 치유하다 92
그냥 지나간다 93
그녀가 못하는 것들 94
인디언 이름으로 95
십일(11) 96
거미2 97
추억3 98
지갑 속 동전을 찾으며 99

3부

103 어떤 사랑이든 상처는 남는다
104 자본주의의 민낯
105 꿈
106 바늘과 실
107 통화 중 그리고 불통
108 열 내는 날
109 실언 후
110 닭이 운다
111 멀리서 바라보아야
112 이른 봄에
113 텃밭에서2
114 고추잠자리
115 우정
116 어느 눈부신 오후에
117 삶이 고독할 때 목숨이 보인다
118 햇살 좋은 날
119 비련
120 풍선인형
121 곰국
122 사랑보다 질긴 것
123 동심
124 문득 이름 석 자가

늪의 노래 125
헛웃음 126
꽃 이름을 묻는 동안 가을은 지나가고 127
고목 128
가속의 시대 129
황혼에 서서 130
접시꽃 131
썰물 즈음에 132
강은 무심히 흐르고 133
집에서 단발하는 날 134
가을 135
어둠의 문턱 136
화해 137
봄앓이 138
솜다리 139
단풍 140

후기 141

1부

사랑

네 앞에서
눈이 마주치면 일순 긴장한다
썩은 이빨이 드러날까 봐 크게 웃지 못 한다
찻잔에 묻은 립스틱을 얼른 닦아 낸다
네가 잠시 자리를 비운 사이 거울을 들여다본다
거짓을 꾸밀 수 없다
사실은 더욱 꾸밀 수 없다
옷깃에 묻은 먼지조차 털어낼 수 없다

네 앞에서는
자유로울 수가 없다.

오이고추를 먹으며

풋고추에 피망을 접붙여
고추도 아니고 피망도 아니고
고추이기도 피망이기도 한
오이고추가 태어나고

맵지 않은 오이고추를 아삭아삭 씹어
술 함께 매운 세상을 삼키는
한 술꾼이 떠든다

나는 혼혈이야
현재와 과거 꿈과 현실
좌와 우 정의와 불의
어느 쪽도 아닌, 아니
두 쪽 모두인
나는 별종이야

쪼그라진 태명을 슬그머니 지우고
그 자리에 유명有名을 교잡하여 태어난
나는 반반의 혈통
잡종이야.

유리에게

속을 모조리 드러내다 보니 부서지기 쉽다
부서져 박살나면 독을 품듯 날을 세우더라도
상처를 쓸어 모으는 손을 찌르더라도
너는 한때 햇살을 끌어들여
안에 어둠을 흔들어 깨웠다
포도주를 가득 채워 축하를 보내고
장미를 품어 향기를 피워 올렸다

티끌 한 올 없이 미끈하여
쉬 얼룩지기도 하는 너는
속을 알 수 없는 여자를 은유하고
가슴 가득 종이학을 키워 날리기도 한다

바람을 무서워하는 너는
바람 소리만 들어도 웅크리고
그만큼 몸을 사리어
쉬 무너지지는 않는다

안팎이 없는 너는
세상 안팎을 보여주려
벽을 뜯어낸다

네가 데리고 온 거리는 환하고
집집으로 풍경을 들인다.

비상

한 치 어긋남 없는 일렬의 무리에서
빠져나오는 일

그보다는

비틀림 한 올 없는 행렬을 무너뜨리고
혼자 남는 일.

털머위

상도 없고 직도 없고
내세울 것 하나 없이
그저 가슴을 긁어내는

무뎌서 아픈 펜으로
오선지에 음표를 달아
목청껏 노래 불러도

듣는 사람 드물고
선율이 지나간 자리에
여운만 메아리로 남는

그대를
무명시인이라 부른다.

소탐대실

햇살 한 점 주워 먹으려
땅위로 기어 나온 지렁이
햇살 더미에 눌려
온몸이 무너져 내렸다.

시월이 지나가는 길목에서

밤 열 시 반쯤이었다
바람은 허공을 무너뜨리고
파도는 모래밭을 밀어내는
바닷가 선술집은
술 따르는 소리 술잔 부딪치는 소리
오고가는 말소리 수런수런 무언가 수상하다
정치와 경제 문화와 사회가 한데 모여 웅성대는
신문지상마냥 소란키도 하다
구석에서 홀로 술 마시는 여자가
밤늦게까지 세상과 실랑이 하고 있는 주객들을
물끄러미 건너다보는 중에
한 남자는 오줌을 누러 가는 듯 일어서다, 휘청
술잔이 바닥으로 떨어져 산산조각 나고
턱없이 큰 파열음에 손님들이 놀라고
만취한 그는 휘적휘적 웃으며
꼬부라진 통로로 휘어져 들어간다
얼큰히 취한 여자는
다 마시지 않은 술병을 들고 나와
어둠이 스며든 모래밭에 앉는다
짙은 파도소리 함께
바다와 대작하는 그녀는
검은 하늘 속 별들을 헤아린다
별빛을 잃은 별조차 귀한
시월은 정처 없이 지나가고 있었다.

뒤집기

바닥에 등을 대고
천정에만 눈 맞추던 아기가
조금씩 방향을 틀어
이리 뒤척 저리 뒤척
여러 번의 시도 끝에
기어이 몸을 뒤집어
천정을 등에 업고
바닥에 눈 맞춘다

안 보이는 세상
뒤를 돌아보려면
백팔십 도만 몸을 돌려야 한다
고집스레 삼백육십 도로 돌리면
제자리다

돌고 돌아 휘청거리는 팽이는
선 자리에서 쓰러진다.

가볍게 또 가볍게

너 하나만 보고 달려왔는데
네가 너무 많구나

모든 나를 끌어 모아
힘껏 달려왔건만
도착하니
내가 없구나

이전엔
너는 없고
내가 많아
사랑이 황량하더니

지금은
너는 많고
내가 없어
이별이 암담하구나

아서라
살아생전 세상은
꿈이다
죽은 후 세상은 모르니
더욱 꿈이다

그냥,
세월 흐르는 대로
만나고 헤어지자.

낙엽들끼리

우리 많이 시들었지?

괜찮아
시들면 시든 대로
까슬까슬 담백하고
칼칼하게 맑고
훌훌 가볍지 않니.

나와 너는 공범

나불대는 입
나대는 꼬락서니
나부끼는 바람기

나는
나대로 말하고
나대로 몸짓하고
나대로 사랑하고

너는
너대로 말하고
너대로 몸짓하고
너대로 사랑하여

너저분한 입
너부러지는 꼬락서니
너덜거리는 바람기.

기레기는 기러기가 아니다

정작 철새들은
남으로 북으로 오고가는 날갯짓
한산하건만
인간세상 철새들은
자리와 명성 따라
이리저리 옮겨 다니느라
바쁘다

대열을 지어 유유히 날아가던
질서정연하고 확실하고 정직했던
기러기 떼는 어디로 갔나
겨울은 어디든 추워
한 자리에 눌러 앉았나

겨울이 다가오기 전 오래 전부터
따뜻한 남쪽을 탐하여
앞 다투어 달려가는
철마다 철저히 몸을 사리는 군상들

철새들이 모여드는 판국에
흩날리는 깃털들
부르르 몸 한번 털면
우수수 떨어지는
세속의 비듬들.

포크와 나이프

자르고 찔러
삼키는 빵과 고기

끼니를 이어가야 하는
생존경쟁

아, 살벌한 식탁이여.

가을의 겸허한 자리

수납장 높이 처박혀 있는
온풍기를 꺼내고 그 자리에
선풍기를 집어넣다가
선반 가장자리에 치여
손가락에 핏방울 맺혔다

핏방울은
당연한 대가

지금 쓸데없다고
함부로 밀쳐내고
필요하다고
섣불리 끌어내는
손의 습성

소중한 여름과 겨울을
귀하게 배웅하고 마중해야 했었다.

버려진 손

닳아서 손가락이 터진 면장갑 한 짝
쓰레기통 옆에 너부러져 있다
쓰레기통 속으로도 들어가지 못하는 신세
바람 햇살에 시달려
헤진 곳에 진물 고일 듯

막일꾼이 벽돌을 나르던
짝 잃은 아낙이 조개를 줍던
허리 굽은 가장이 거리를 쓸던
그 부지런한 손이
마구 내버려져 서럽다

세상사 뜻대로 안되어
부화가 나서
배고프고 지친 김에
일상을 패대기쳤나 보다

고귀한 손이
굴러다니다가 시커멓게 절었다

고이 주워
쓰레기통 속에 넣는다.

고독

나 없는 자리에
내가 충만하고

너 없는 곳에서
너를 만나는

맑은 시간
깊은 자리

가을 하늘 같은.

대봉감

온몸을 꽁꽁 닫곤
속이 익을 때까지는
얼씬도 말라며
쓴 말을 내뱉는 동안

껍질까지 익어
흐물흐물 흘러내릴 듯
달콤한 속살을 온통 내어줄 듯

사랑아, 풋사랑아
느긋이 기다려라

터질 듯 달아오른
가슴을 식히면서
좀 더 기다리다가

너무 헤프게
너를 다 주지는 마라.

영0과 무無

10, 100, 1000, 10000, 100000
0이 덧붙을수록 무거워지는 액수

영은 0일 뿐, 아무리 쌓아도 0일 뿐
무게가 없는 줄 알았더니, 아니군요
모일수록 몸을 키운 0의 군단은
집 한 채 거뜬히 들어 올리지요
아이들도 알아요
1000원보다 10000원이 비싸다는 걸

그러나 무無는 무게가 없지요
보이지도 않는 그것이
0은 속이 빈 게 아니라
속이 꽉 찬 것임을 일러 주네요

없는 것이
있는 것을 허물 때
초막에 살아도
가득하겠지요

공허가 몸 한 번 뒤척여
허공으로 열릴 때
새 한 마리 허공으로 날아들겠지요.

변비

처먹고는
내놓지 않는
욕심 덩어리.

가을 끝머리에 서서

바람개비는
바람과 대적하여 돌격하여야
빙빙 춤을 춘다

억새는
바람 따라 순순히 등을 굽혀야
훨훨 노래한다

그대를 그대 천성에 맡겨라
생긴 대로 살아라

역방향으로 앉아도
기차는 달리고
목적지에 닿는다.

완패

날파리 하나가 놀린다
책 위에 앉았다가
찻잔 가에 머물렀다가
이마를 치고 달아났다가
감쪽같이 사라졌다가
다시 주위를 빙빙 돈다

정조준하여 손바닥으로 공격해도
쏜살같이 도망가는
얼토당토않는 추격전

나는 시험에 들었다
인간이 얼마큼 한심하고 미련하고
치졸하고 어리석은지를 알려고
내 거동을 낱낱이 지켜보는
미물에게 걸려들었다

네까짓 것한테 질 것 같으냐, 씩씩대며
에프킬러를 들이대며 추적을 하자
날파리는 온데간데없다

그럼 그렇지, 어깨를 펴는 순간
위잉~~~
어디선가 들려오는 날갯짓 소리

그래, 내가 졌다.

독버섯

화려한 게 죄랴
독은 또 무슨 죄랴

눈부신 것에 눈이 어두운
못 먹는 것을 못 가리는
그대가 죄임을.

한 번쯤 뒤돌아보라

앞으로 나아가라
뒤돌아보지 마라

아니다
뒤돌아봐야 한다

엘리베이터에 오른 아낙
한 번만 뒤돌아보았다면
급히 뛰어오는 사람을 기다려
함께 탈 수 있었건만
그 사람은 방금 헤어져
등 돌리고 떠나는 연인의
등이라도 한 번 더 볼 수 있었건만
뒤돌아보지 않아
모질게 닫히는 철문 앞에서
깜깜하게 서 있는 청년

아낙은 분주하게
전철 역내로 내닫는 동안.

아직도 자라는 중

거울이 우연히 거기 있어서
그냥 들여다볼 때가 있다

후줄근한 표정의 낯선 사람
흐리고 아득한 실상
허상에 가까운

화장을 하려 옷매무새를 다듬으려
일부러 거울 속을 들여다볼 때가 많다

눈에 힘주고 어깨 세운 낯익은 사람
뚜렷하고 선명한 허상
실상과 비슷한

정의를 내세우고
꿈을 운운하고
희로애락을 토로하는
탁상공론식 삶 또한
일부러 들여다보는
거울 속 허상 같은 것

나를 살기 위해
나는 오늘도 거울을 깨트리고
밖으로 튀어나오려다
부서진 거울 조각에 가슴을 찔리곤
화들짝, 온몸을 일으킨다

내가 나를 끄집어내느라
나는 종종 아프다.

칠월, 그 무렵

물은 뜨겁게 끓어올라야
파안대소한다

열기를 낮추자
점점 잦아드는 웃음
마지막 웃음기마저 졸아든 후
물은 잠잠하다

여름 한철 매미는
그렇게 살다 갔다.

비정한 이별

손톱에 매니큐어를
아세톤으로 지우지 않는다

바르고 또 바르고 자꾸만 덧칠하여
무거운 매니큐어는 제 무게를 견디지 못해
절로 손톱에서 떨어져 나온다

내가 너에게서 벗어나기 위해
너를 지우려 하지 않는다

가까이 두고
사랑과 미움을 번갈아 의심하는 동안
이별을 예감한 너는 나에게서 먼저 등을 돌린다

그동안 손톱은 희끗희끗 저물고
저린 가슴은 너덜너덜 찢긴다.

스크린도어

한의원을 광고하는 문의전화와
눈 코 재수술에 능통하다며 선전하는
성형의사의 큼직한 인물사진과
초현대식 아파트 모델하우스와
미아를 찾는 벽보와
간단명료한 시들이 붙어 있는
스크린도어는 삶의 잡화상

누군가는 열심히 읽고 기억하여
건강식품을 구입하고
고급 미용실을 찾아들 것이기에
일상의 걱정과 허세, 소문과 웃음이 난만한
스크린도어는 희로애락의 밥상

그래서 서두르고 늦추어
위험에 빠질 수도

- 스크린도어가 닫힐 때
손이나 발을 끼우면
안전사고의 우려가 있습니다 -

전철이 들어오고
찬찬히 전철 속으로 들어가고
스크린도어는 무사히 닫히고.

꽃이라서 아프다

별 총총히 빛날 때
따지도 못할 별을 가득 따서
가슴에 안겨주겠다던
맹세는 까마득하고
하늘조차 시들어
만지면 으스러질 것 같은 별을
아예 딸 생각도 안하고
주머니에 지폐를 채워주는
구애는 가깝다

사랑이 사랑 같지 않은 시대에
생화가 조화 같아
꽃모가지를 찔러보는 손톱으로
꽃은 생채기 깊다

사랑일수록 상처가 많다.

천하장사

개미 하나가 우주를 들어올린다

빵 부스러기 한 올
어디서 와서 어디로 가는가

대지에 뿌리박은 밀알
바람 햇살로 익어
식탁에 올려져
끼니로 먹히고
빠져나온 찌꺼기
다시 대지를 기름지게 하여
밀알을 키우면서
천지간을 이어주는
기다란 사슬을

개미 하나가 거뜬히 메고 간다.

탈출하는 법

너를 숨기려면
네가 훤히 보이는 곳에서
너를 감추려 하지 말고
남들이 하는 짓을 하라
무성한 장미 밭에서는
장미가 보이지 않고
자글대는 매미 울음 속에서는
매미 울음 들리지 않고
치자 향 무더기 속에서는
취자 향 맡을 수 없고
모래밭에 무수히 흐트러진 발자국 속에서는
어느 누구의 발자국을 찾을 수 없듯이
너는 너 그대로를 내보이며
지은 죄 예사로 떠벌리고
죄 짓지 않는 사람 없다고 떠드는 동안
너를 추적하는 사람들
너를 알아보지 못 한다
네가 도적이고 사기꾼이더라도
너를 붙잡지 못 한다
도망가려면 먼 외곽 아닌
가깝고 소란한 동네에서
어울려 이웃으로 살아라
그러는 중에 너는 너로 돌아오고
네 죄를 네가 끌어내어
무릎 꿇고 흐느끼리라.

도저히 이해가 안 될 때

말하는 대로 듣자
생긴 대로 보자
하는 대로 내버려 두자

마, 있는 그대로 봐주자.

삶의 식탁

회국수에 회 두어 점
갈비탕에 살 몇 올 걸린 뼈다귀

이름만 풍성한 메뉴판을 덮고
콩국수를 주문한다
구수한 국물이 제법 진하건만

삶은
메뉴판이 없고
재료와 조미료 중
어느 것이 맛을 우려내는지 모르고
영양분이 얼마인지 알 수 없고
주문은 더욱 할 수 없어
차려진 그대로 상머리에 앉는다

다만 눈물 서너 방울
웃음 한두 방울 섞은
쓰고 단 맛을 오롯이 맛보며
끼니를 때울 뿐.

상처가 말하다

칼에만 베이는 게 아니다
A4용지 모서리에 베이고
뼈를 숨긴 농담에 베이고
흘겨보는 눈빛에 베이고
냉소에 베이고
깔깔대는 웃음에도 베인다

서둘러 일어서다가
탁자에 무릎이 부딪쳐
살갗이 찢기고 핏방울 맺히는 날
연고와 반창고를 찾아도 보이지 않아
그대로 둔 채 하루 이틀 지나고
저절로 멈춘 피가 딱지로 앉아
그대로 둔 채 또 사나흘 지나고
목욕을 하는 중에
무릎을 스치는 물살에 치여
딱지가 떨어져 나가고
다시 피 흐른다

물조차 날을 품고 있기에
함부로 품거나 품어들 것이 아니다

네 사랑이 부드럽기만 하여
내 가슴이 쓰린다.

나목, 이행시

나는 목청이 얼어붙은 음치지만
목청껏 노래를 뽑아냅니다.

부재가 존재를 알리다

자주 다니는 길 익숙하여
모르고 지나치던 가로등이
허리가 부러져 쓰러지고
빛이 사라지자
빛을 찾는다

밤길에
어둠 짙다

비로소 안다
골목을 밝혀주는
등이 등이었음을.

동백동산에서

제주도 외곽 동백동산에는
동백은 많은데 동백꽃은 없다
무성한 잎들이
햇살을 가리고 그늘 습하여
붉은 망울 돋아나지 않는다

들여다보라
행여 그대 눅눅한 그림자가
그대 웃음을 지우고 있는지를.

외풍

밖에 거친 바람보다
떠돌아다니는 바람소리보다
문설주와 아귀가 맞지 않아
삐걱거리는 방문 틈으로
파르르 떨고 있는 문풍지가
더 추웠다

그렇듯
바람맞기 전
너를 기다리는 시간은 길었다

찻잔이 식어갈 쯤
일어섰다가
커피가 다 식을 때까지
일어서지 못했다

급히 너를 만나려다
미처 양발을 챙겨 신지 못해
발목 시린 청춘이
오도 가도 못한 채
창밖만 내다보고 있던
십이월 저녁이었다.

미로

놀고 쉬고
흥얼거리고 춤추고
푹 잠겨 낮잠을 즐기던
둥지와 쉼터
억새밭이 사라졌어요

바람은
포클레인이 내리찍어 훤히 드러난
붉은 맨땅을 서성거린다

어디로 갈까?

전철 속에서

1.
일흔은 넘을 성싶은 노인 한 분 들어서자 가까운 좌석에 앉았던 오십 대쯤의 아저씨가 벌떡 일어나 자리를 양보한다. 고맙다며 앉으시면 될 일을 노인은 뭔가 구시렁대며 비켜 선다. 그 사이 떨어져 서 있던 처자가 냉큼 그 자리를 차지하고 자리를 내어준 아저씨는 민망한 채 폰만 들여다본다. 노약자석에는 빈자리 하나 생뚱맞다

굽은 어깨
그러나 굽히지 않는 자존심
- 나, 늙지 않았어 -

2.
다리를 저는 늙수그레한 남자가 구걸하는 이유를 길게 내리 쓴 종이를 승객들 무릎 위에 얹는다. 아무도 읽지 않는 사연을 한 젊은 승객이 꼼꼼히 읽더니 종이를 네모 반듯 접어서 되돌려주자 남자는 이맛살을 구기며 접은 종이를 못마땅하게 흘겨본다. 그 청년 놀란 듯 얼른 종이를 펴서 두 손으로 공손히 건네준다

누구도 적선하지 않는 세상인심에 화가 난 남자는
구긴 흔적이 있는 종이를 활활 털며
5호 칸으로 넘어간다.

얼음5

칼로 찔러도
피 한 방울 나오지 않을 것 같더니

온기 몇 올에
온몸을 떨며 우는구나.

쓰레기는 밥이었다

쓰레기통이 쓰레기마냥
부엌 한 구석에 밀쳐져 있다

바닥과 싱크대 찬장을 닦으면서도
쓰레기통은 아예 닦을 생각을 못한 채
페달을 밟아 누르면 어김없이 열리는
컴컴한 입속으로
닭 뼈와 닭을 담았던 봉지
기름기를 닦은 휴지를 던져 넣는다

더러움만 삼켜 때에 절고
온몸에 부스럼이 난 듯 얼룩 짙은
쓰레기통 안팎을 부랴부랴 씻는다

반들거리는 쓰레기통에
쓰레기를 공손히 버린다.

2부

웃음을 터뜨리다

1.
이십여 년 전
가덕도 연대봉으로 오르는
산기슭 못미처 마을 끝쯤에
허름한 노래방이 우두커니 서 있었다
인적 드물고 주위에 술집 같은 유흥업소도 없어
손님이 드나들지 않을 성싶은 노래방이 엉뚱하여
나도 모르게 - 웬 노래방? - 중얼대며
간판을 보는 순간 왈칵 웃음을 토했다
간판에 적힌 이름은
'웬 노래방?'

2.
의자에 가만히 앉아 있지 못하고
교실 여기저기 돌아다니는 아이에게
선생님은 사정하듯 주의를 주었다
- 엉덩이 좀 붙이고 있어라 -
잠시 머뭇거리던 그 아이
가방에서 딱풀을 꺼내더니
의자에 잔뜩 풀칠을 하곤
엉덩이를 얌전히 얹었다
선생님은 폭소를 멈출 수 없었고
아이는 새침하게 옆으로 돌아앉았다.

보름달

비우기 직전
꽉 찬

시들기 직전
만발한

절정.

사라진 팻말

- 줄을 서시오 -

새치기가 뻔하게 보이던 시절
줄은 곧잘 비틀거리고
흩어지기도 했지만

물밑거래가 오고가는 세상은
새치기도 필요 없다
줄 설 기미조차 없다

- 밟고 올라서지 마시오 -

팻말이 바뀌었다.

이슬2

슬픔 덩어리를 깨부수니
조각조각 반짝이는 햇살

눈물이 앞을 가리는데도
눈이 부신 까닭을 알았습니다.

상실의 시대9

도심의 거리엔 우체통이 없다
우체국으로 가야만 편지를 부칠 수 있다
문자와 톡, 이메일이 판을 쳐
손 편지가 필요 없는 세상
빨간 우체통도 사라졌다
밤새 쓴 편지
아침에 부칠까 말까 망설이는
설렘과 연민, 미련도 드물다
뜨겁거나 찹거나
멀거나 가깝거나
함께 살거나 헤어지거나
양쪽 중 하나를 선택해야 하는
속도의 시대에
서성거리는 발걸음과
일렁이는 가슴은 낄 데가 없다
문구점 곁에 키 낮은 우체통이 반기던
내 어릴 적 편지는 가물가물
추억조차 아스팔트로 덮인
쇳소리 날카로운 이십일 세기에
전보를 급히 건네줄
자전거 탄 우체부 아저씨도 없다.

악몽을 꾼 후

꿈을 좇아다니라 하지만
꿈을 이루어라 하지만

꿈이 이루어지지 않아
얼마나 다행인지요.

나와 너

ㅏ와ㅓ
문고리가 어디에 붙었는지의 차이

밖에서 당기어 열고
안에서 당기어 닫는
그만큼의 거리

내 속에 너
네 속에 나
동행인 듯해도
문 하나 사이에서 이방인

닮은 듯 닮지 않은
똑같을 수는 없는.

또다시 한 몸이 되려는 이유

언제부터 여자들이 바지를 입었지
남자들은 언제부터 귀걸이를 달았고

원시로 돌아가 봐
남자들이 치마를 입고
여자들은 물론 치마를 입었지

인간은 원래
남자 여자 한 몸이었어
딱 들어붙은 두 남녀는
볼 것 다 보고 못 볼 것도 보면서
서로의 체취에 질려 등 돌리다가
끝내는 떨어져 나와
남자 여자로 갈라지고
그게 사랑의 시작이었어
이별하자 거리가 생기고
거리는 진상을 감추어
모진 기억까지 잊곤
그리움이 도져
다시 한 몸으로 살기를 바라는

남자들은 언제부터 화장을 했지
언제부터 여자들은 겨드랑이 털을 깎았고.

이월

삭풍은 시들락 말락
햇살은 부풀 듯 말 듯
매화는 필똥 말똥
그 사람은 올까 말까.

비가3

대낮
골목에서 한길로 나서는 길목에
바지춤이 엉덩이 근처에 걸린 남자가
왼손엔 술병을 들고
입엔 담배를 물고
오른 손으로 아파트 담벼락을 짚곤
휘청휘청

술로 굶주린 배 채우고
담배로 허기진 가슴 메꾸며
세상 벽에 기대어야만 하는
죽어도 살아남아야만 하는

부평초 한 떨기.

죽

무슨 죽이든 죽은 밀쳐내었다
어린 시절 끼니마다 먹던
옥수수죽 국수죽 겨죽
다시 보기도 싫은 가난

죽집을 차린 친구가 어느 날
한 끼 식사로 전복죽을 내미는 순간
나도 모르게 - 죽이네! - 낙심하자
내 역사와 식성을 모르는 친구는 환하게 웃으며
- 그래, 맛이 죽인단다 -

나는 죽을상으로
죽을 먹을 수밖에 없었다

그러기에 나는
단단한 것도 묽은 것도 아닌
중용의 죽처럼
내 굳어버린 과거를 풀어야 한다
풀어서 부드러워져야 한다

배앓이가 심해
얼어붙은 밥에 물을 섞어
걸쭉하게 끓인 흰죽을 먹는 날
친구가 또 호박죽을 건네주었다
그 후 죽을 더 이상 밀쳐내지 않는다

고체와 액체 사이에
화해가 숨어 있었다.

둥근 것의 실체

- 수갑을 생각하며 -

기댈 언덕이라도 있니?
아니요, 숨어들 구석도 없어요

품이 넓고 부드럽다 하지만
알고 보면 족쇄.

오월 중에

기장 너머 정관에 어머니를 모셨다
오랜만에 뵈러 간 날은 화창했고
신록이 무르익는 하늘에 흰구름 드문드문
이불깃에서 방금 빠져나온 솜털 같았다
꽃집이 번잡했고 아이들은 뛰어다니고
어른들도 간간히 떠들며 웃었다
검은 옷을 입고 영정을 받쳐 든 사람 몇몇
어둡고 굳은 얼굴에 느린 걸음으로
저 세상으로 떠나는 인연을 배웅하고 있었고
대기실 전광판에는 뼛가루를 쓸어 모으는
비질이 계속되고 있었다
노모께 인사를 드리고 나오는 길에
동행한 아우가 날씨도 좋으니
잠시 거닐다 가면 어떠냐고 팔을 끌었지만
나는 망설임 없이 -그냥 집에 가자-
서둘러 발길을 돌렸다

죽음이 삶의 정수이건만
살아 있는 동안은 낯설고 슬프기에
익숙한 내 자리로 얼른 돌아오고 싶었다

귀갓길 주변으로
남은 벚꽃들 뚝뚝 떨어지고
덩달아 연두 잎들 망울지고 있었다.

디귿(ㄷ)

사방이 모두는 막히지 않아
얼마나 다행인지요
꾹 다문 입(口)이
말문을 틀 때
열린 문으로 들어가세요
마음과 마음이 닿지 않으면
슬며시 나오셔도 되요.

떨어뜨리면서 산다

그릇을 떨어뜨렸다
와장창 깨어지는 순간
산산조각 난 파편보다
바닥에 부딪치는 소리에 놀라고
소리보다
떨어뜨리는 손의 공허함에 더 놀란다

이별보다
이별직전의 눈빛에
더 이전의 몸짓에
상처 받은 여자

파편을 쓸어 줍다가
손가락을 베여
맺히는 피를 우두커니 바라본다

별다른 조치 없이
흐르는 대로 그냥 둔다

피가 멎고 여자는
하다 만 설거지를 계속한다.

서류가 필요한 세상

수십 년 넘게 살았건만 작은 집 하나 사는 데도 여러 날 고심하고 걱정하는 나는 서류에 낯설어 더 불안하다. 인감증명서 가족관계증명서 근저당설정 경매신청취소 매매계약서 등등 듣기만 해도 난해한 말들이 두통을 일으키고 매수인과 매도인을 혼동하고 빠뜨리면 안 될 조항들을 뒤바꾸고 매수자인 나를 못 믿어 매도자도 믿지 못하여 온종일 심란한 채 멀쩡하던 일상이 어그러지는 듯

처음 겪는 일이라 생소하고
처음을 거쳐야 익숙해지건만

은행으로 넘어가려는
낡은 집 한 채 사면서
온갖 의심을 하고
이제는 놓아버려야 할
욕심까지 부리면서
서너 날을 낭비하다니

내 삶은
갖고 있는 것만으로도 모자라지 않아
덤으로 끌어오는 오평짜리 원룸은 애물단지

그러나
집 없는 아우가 들어가 살 집이라
어찌할 수 없는 거래

이맛살을 풀고
매매계약서에 마지막 도장을 찍는다.

사랑의 모습

달콤한 단비였다가

거친 태풍으로
질긴 장마로

다시 가뭄으로.

햇살 두레박

더 깊게 깊게 두레박을 내려
물을 길어 올리느라
허리 굽은 내 몸이
깊이에 빨려 들어가
우물 속으로 빠져버렸다

가라앉지 않으려고
허우적거리는 동안
물도 평정을 잃고
함께 소용돌이치는 중에
누군가 내려준 두레박줄을 붙잡고
간신히 헤쳐 나온 우물가엔
아무도 없었다

꿈에서 깨어나니
햇살이 창문 틈으로 들어와
벽 위로 길게 뻗어 있었다

꿈 속 두레박줄이었다.

구멍5

구멍 한 올 없는 하늘은
온통 뚫린 거 아닐까
구멍 자체가 아닐까

자궁에서 만물이 태어나
자라고 시들어
땅속으로 되돌아가는
우주 또한 거대한 구멍

인생도 구멍
희로애락에 빠지고 빠져나오고
다시 빠지고 빠져나오는

흙속을 파고 들어가
알을 낳고
먹이를 저장하고
겨울나기를 하는
개미의 삶도 구멍

하늘 구멍으로 돋아난 햇덩어리
덩어리 속에 또 구멍
빛살 쏟아 붓는다.

고개

끄덕끄덕 갸웃갸웃
긍정이든 부정이든
응답을 하는

휘이휘이 비틀비틀
수월하든 가파르든
넘어가야 하는

고갯짓
고갯길

사람 몸 중
말 없는 몸짓

세상 길 중
신호등 없는 길목.

꽃이 꽃 그대로가 아닐지도

'꽃'
아무리 뜯어봐도
둥근 구석이 없다
도리어 모서리 거칠다

된소리로 시작하여
거센소리로 끝나는
단어 하나
뻣뻣하다

잔설이 녹을 즈음
바람 여전히 시린 중에
딱딱한 가지를 뚫고 나오는
덜 여문 매화

시인이 묘사하고
화가가 노래하고
아름다운 여자를 상징하고
땅의 별로 비유되는
보통명사 '꽃'은
외유내강이건만

다시 꼼꼼히 들여다봐도
여린 구석이 없다

외강내유일지도.

물구나무서기

땅을 받들어 우러러보니
하늘이 발아래 있구나

거꾸로 선 직립
비장悲壯한 비장飛將이여.

나를 팔다

나를 경매시장에 내놓았다

건강 상태 비교적 양호
재산은 먹고 살 만함
개고기와 번데기 빼고는 잘 먹음
낮술을 즐기는 습성이 있음
친구 관계 썩 나쁘지는 않음
연애는 끝이 끝 아닌 듯 끝남
나이 예순에 무명시인

일단 상품으로 내 놓으니 꽤 밝힐 게 많아
뜻밖에 길어지는 신상

오천만 원에서 시작했지만
아무도 손을 들지 않았다
천까지 깎이고
오백만 원에서 낙찰되었다

오백만 원짜리 나는
어느 시 짓기 학원의 말단 사원으로 들어가
원생들이 쓰다만 시를 마무리 짓고
구겨진 파지를 펴서 다시 읽어보곤
쓰레기통에 버리는 일을 맡았다

그래도 시를 가까이 두어
내 몸값에 만족했다.

그림자

내 것이건만
내가 밟을 수 없는
껴안을 수도 없는

내 것이라
떼어 놓을 수 없는
어디든 따라다니는.

맑은 날2

바람과 햇살을 한 올 한 올 풀어낼 수 있다면
격자무늬로 짠 옷 한 벌 짓고 싶다
따뜻하고 시원하여 계절 구별 없이
가볍게 걸치고 다닐 일상복 겸 외출복
씻으면 금방 말라 까슬까슬한
옷 한 벌로 사계를 돌아다니고 싶다
장롱 속 오랜 바지와 치마
낡은 정장과 외투를 몽땅 버리고
달랑 한 벌만 걸어두고 싶다
매미가 허물을 벗고 날개를 달듯이
날개옷 하나면 족할
옷걸이가 그 동안 너무 무거웠다
노랑나비는 노란 셔츠 하나로
붉은 장미는 빨간 드레스 하나로
일생을 살아왔듯이
그렇게 살다가 옷 입은 채로
훌훌 떠나고 싶다.

머리 아닌 가슴으로

희고 검은 게 어디 있나
흰 것도 얼룩 묻으면 검고
검은 것도 깨끗하면 흰 것을
겉만 보지 말고
속속들이 들여다 봐
사랑이라 믿은 것이 사랑 아니고
사랑인가 의심한 것이 사랑으로
얼굴을 바꾼 연인을 볼 수 있을 걸
그가 너를 떠났더라도
멀리서 서성거리는 발자국도 들을 수 있을 걸
그러니 이것 아니면 저것으로 따지지 마
사랑 뿐 아니라 정의와 진실
일상 속 깊이 들어온 사소한 갈등까지
흑백논리로는 해결이 안돼
느낌을 따르는 거야
머리로는 헤아릴 수 없는
숫자 아닌 시어는
가슴 속 꽃밭에서 자라고
그 꽃밭은 흑백이 아닌
무지개빛 천지인걸.

봄

목하 연애 중

사랑하느라 웃고
사랑하느라 울기도 한다

슬픔의 노래가 더 맑고
절망의 춤이 더 절절하기도 하여

가노라 청춘아
실컷 노래하고 춤추라.

어떤 삶

가장 가까이 또는
그 속에 빠져 있으면서도
알 수 없는 것

등을 기대거나
품고 있으면서도
믿을 수 없는 것

갓 잡아 올린
생선 아가미마냥
죽음 앞에서야
시뻘겋게 펄떡거리는

덫 그리고
덫에 걸린 목숨.

건널목에서

점잖고 부드럽고 과묵한
직장 선배께서 어느 날 운전 중에
뒤에서 빵빵거리다가 기어이
앞 차를 추월하는 BMW 꽁무니에 대고
눈을 부라리며 내뱉는다
개새끼!

놀란 나는 그 후
개새끼가 되지 않으려
함부로 앞서거나
밀치고 나서거나
섣불리 달리지 않는다
신호를 정확히 지켜
타야 할 버스를 놓치더라도
붉은 등이 꺼지기를 느긋이 기다린다

막 진흙탕에서 빠져나온 듯
털북숭이 꾀죄죄한 강아지가
누구의 눈치도 보지 않고
어슬렁 길을 건너는 동안
차에 치일 뻔

개새끼!

직립의 슬픔

바닥과 뗄 수 없는 두 발
거친 땅바닥에 긁혀 상처투성이 발바닥
그 발을 손으로 어루만져 주려면
허리 구부리고 앉아야만 하는
꼿꼿이 서서는
새끼발가락 끝 종기도 쓰다듬을 수 없는

네 발로 기지 않아
종종 넘어지고 쓰러지는

천지간에
모질고도 무능한
직립동물이여.

꽃눈 내리는 날

일 년에 서너 번 외출하면서도 토닥토닥 아껴 아껴 얼굴을 다듬던 어머니의 딱분, 아련한 향을 품고 있던 살빛의 가루분, 그 귀한 화장품은 한 통으로 여러 해를 버티면서 어머니께 설렘을 건네주었다. 딱분을 거쳐 파운데이션으로 옮겨온 근래의 분은 흔하게 팔리고 흔한 만큼 아낌없이 짜내거나 분첩에 잔뜩 묻혀 얼굴을 매만졌다. 내 젊은 파운데이션 시절도 순식간에 지나가고 치장이 번거로운 지금은 분 대신 선크림으로 검버섯을 가리고 맨얼굴 그대로가 편하여 분이란 분은 없다

벚꽃
분
분
히
흩날리는 날
분을 바르고
연지를 새끼손가락으로 살짝 찍어 발라
흰 얼굴에 분홍 입술이 어여쁜
어머니가
분
분
히
땅으로 나들이 오신다.

침입자

옹달샘에 손을 담그면
돌멩이가 깜짝 놀라 웅크리고

강에 발을 적시면
연어가 소스라치며 도망가네.

2호선

장산에서 양산까지
마흔셋 정류소가 빼곡한
노선도에는 거리와 시간은 없다
이름 뿐

내 삶의 노선도에는
절망 희망 꿈 현실 사랑 미움
어제와 오늘 내일의 정류소가 뒤죽박죽

종점은 분명하건만
내가 앉고 선 자리가 어디인지 모르고
타고 내릴 곳도 불분명하여

이름조차 석연치 않은
어느 생소한 역에서
아픈 다리를 끌고 내린다

그 곳에 뜻밖에도
내가 찾아갈 정형외과가 있었다.

건망증을 치유하다

자주 잊어버리는 세월의 구비에서는
귀중한 것일수록
눈에 익숙한 곳에 두자
다이아몬드 귀걸이를 깊숙이 모셔두곤
어디에 두었는지 몰라 헤매지 말고
경대 서랍에 넣거나 아예 달고 다니자

삶도 그렇게 살자
눈길 가는 곳에 우정을 앉히곤
오다가다 안부를 전하고
발 닏는 곳마다 사랑의 씨를 심어
해마다 꽃길을 걷고
손닿는 곳에 찻잔을 두어
수시로 드나드는 외로움에게 차를 건넨다면
머릿속이 하얗게 비어도
아름다운 추상어는 남으려만
제 이름은 잊지 않으려만

이름을 불러도 돌아보지 않을 때까지는
손가락에 끼고도 반지를 찾을 때까지는
소중한 일상일수록 가까이 두자.

그냥 지나간다

열어진다
가벼워진다
날아간다

지금 무거운 생각들
집 잘못 찾아든 방문객으로 모셔라
언제든 떠난다.

그녀가 못하는 것들

높은 산을 오르느라 곁에 낮은 개울을 보지 못하는 것
전철 속 걸인에게 만 원짜리를 쥐어주지 못하는 것
매 끼니마다 밥상을 차려 먹지 못하는 것
무서워서 비행기를 오래 타지 못하는 것
누군가 문을 두드려도 선뜻 문을 열어주지 못하는 것
일찍 자도 일찍 일어나지 못하는 것
간장 된장을 담그지 못하는 것
백화점에서 근사한 옷을 비싸게 주고 사지 못하는 것
여행지의 숙소와 식당 이름을 오래 기억하지 못하는 것
더러운 것을 참지 못하는 것
시든 꽃을 쉬 버리지 못하는 것
애증을 구별하지 못하는 것
어제를 지나치지 못하고 내일을 믿지 못하는 것
행불행은 이란성쌍둥이임을 인정하지 못하는 것
삶과 죽음을 동시에 들여다보지 못하는 것

무엇보다 그녀가 못하는 건
못하는 걸 끝까지 숨기지도 드러내지도 못하는 것.

인디언 이름으로

네가 태어나는 날 닭이 울울창창 울어
네 이름을 '어둠을 지우는 새벽'이라고 지었다
네가 태어나는 날 장미 만발하여
네 이름을 '꽃이 웃는 한낮'이라고 지었다
네가 태어나는 날 서쪽하늘이 하도 밝아
네 이름을 '달빛 흐르는 저녁'이라고 지었다
네가 태어나는 날 새가 울어
네 이름을 '뻐꾸기 노래하는 밤'이라고 지었다

네 이름은 여러 개다
네가 함부로 희로애락에 빠져
길을 잘못 들거나 허둥거릴 때
이름 하나씩 뽑아
네 이름을 네가 불러라

삶이 그다지 험하지 않을 거다
군데군데 앉을 의자와
머물고 싶은 풍경이 기다리고 있으리니
너는 여러 개의 이름으로
하루를 기꺼이 살아라

하루가 한 생이다.

십일(11)

나무 하나와 나무 하나가
거리를 둔 채 손잡지 않고
홀로 곁에 또 홀로
얼마나 외로우랴

십일월 숲이 적막하다.

거미2

땅은 위험하고
땅을 박차고 날아오를 날개도 없어
체액을 풀어내어 허공에 둥지 짓건만
위험하기는 마찬가지

그래서 외출이 빈번하고
외도가 심하여
거의 비어 있는 집

간혹 찾아들어
길 잃어 걸려든 파리를 삼키곤
다시 떠나는

밥은 집에서 먹고
잠은 어디서 자는지

사랑은 또 어디서.

추억3

열정이 펄펄 끓는 고등학교 시절
크리스마스이브는 유독 추웠다
눈이 올 듯 말 듯 싸늘한 거리에서
장갑을 끼고 입김을 날리며
붐비는 행인들 틈으로 모금함을 들고 서 있었다
행인들은 적잖게 백 원짜리 한 장씩을 넣어주곤
총총히 연말연시의 축제 속으로 묻혀갔다
밤이 익을 무렵 귀부인 차림의 여인이 다가왔다
후덕한 모습의 그녀에게 모금함을 내밀었더니
귀찮은 듯 잔뜩 찌푸린 얼굴로 손을 내저었다
가까이 보니 음악선생님이었다
-선생님 안녕하세요?-
반가운 김에 크게 인사를 했다
선생님은 흠칫 놀라며 얼굴을 붉히며
서둘러 지갑을 열어
지폐 한 장을 황겁히 넣어 주었다
그 후 학교에서 맞부딪치면
선생님은 후딱 시선을 피했다

선생님, 괜찮아요
그럴 수도 있지요
그래도 천 원이나 헌금하셨잖아요.

지갑 속 동전을 찾으며

네 삶을 뒤집어
탈탈 털어봐라
뭐가 나오는지

빠져나오는 건
웃음 몇 알
농담 몇 올
소문 한 주먹
삼킨 생선 가시
덜 소화된 밥
넘치게 마신 술 등등

더 털어봐라
뭐가 또 나올런지

너는 고개 갸우뚱 물을 것이다
삼킨 눈물은 다 어디 갔느냐고

털어도 털리지 않는 눈물은
생의 속껍질에
오지게 들어붙어 있을 거다

얼룩마냥 눌어붙은
눈물을 뺀
생에 알맹이는 없다.

3부

어떤 사랑이든 상처는 남는다

풍덩
돌멩이가 연못을 뒤흔들어
심장을 휘젓고

사르르
꽃잎이 연못 위로 내려앉아
가슴이 저리고.

자본주의의 민낯

전철역 내
분주한 발걸음 틈으로
온몸 웅크린 채
적선을 구걸하고 있는
걸인 둘

지폐 몇 장과 동전이 들어 있는 깡통
한 푼도 들어 있지 않은 깡통

행인 한 분 주저주저하다가
돈이 든 깡통 속으로 동전을 던진다
또 한 행인도 지폐 한 장 건네준다

텅 빈 깡통은 텅 빈 그대로

걸인에게도 자본이 필요한
돈이 돈을 버는 세상은
바닥끝까지 긁어모으고 있었다.

꿈

1. 거미

나, 한 번쯤 땅에 집 짓고 싶다
허공을 끌어 앉혀 바닥으로 깔고.

2. 꽃

나, 한 번쯤 펑펑 울고 싶다
웃음을 벗고 속 활짝 드러내고.

3. 나무

나, 한 번쯤 물구나무서고 싶다
뿌리가 하늘로 가지는 땅속으로.

4. 바람

나, 한 번쯤 머무르고 싶다
날개를 접어 발목에 감고.

5. 지렁이

나, 한 번쯤 우뚝 서고 싶다
등뼈 세우고 무릎 세우고.

바늘과 실

천생연분이 아니다

오래 헤어져 있다가
잠시 만나 합궁하여
매듭 한 올 남기곤
다시 헤어져 홀로 견디는

천생악연이다.

통화 중 그리고 불통

밖에서 묵자꼬?
외식이 얼마나 비싼데
국밥이 이천 원이나 올란 거 아나
치솟는 게 물가 아니가
니 그러다가 망한데이
집에서 밥 지어 김치랑 묵자
이럴 줄 알았으면 가를 안 찍었을낀데
정치를 와 그리 못하노

밥 두 그릇 값으로
대통령 자리가 왔다 갔다 하는 시대
우기가 길다

장마 뒤 돋아나는
무지개가 귀한 세상
가뭄은 더 길다.

열 내는 날

'남포동 삼계탕'은
찾기 쉬운 곳에 있었건만
초행이라
행인들에게 방향을 묻고 또 물었다
그러는 중에 하필
'남포동 설렁탕' 앞에서
담배를 물고 선 가게주인에게
엉거주춤 물었다
-가는 길로 쭉 가면 보여요-
담배를 비벼 끄며 성의 없게 대답하는
찡그린 어투가 냉랭하다

겨우 찾아든 삼계탕집은 북적거렸고
지나쳐 온 설렁탕집은 한산했다

그 날은 초복이었다.

실언 후

내가 엉겁결에 내뱉은 말에
네가 아닌
내가 상처 받는다면

그래서 점점 더 말이 적어진다면

내 오랜 침묵에 상처를 받아
너도 침묵한다면

세상이 참으로 조용하여
꽃 피고 지는 소리
해 저물고 별 뜨는 소리
멀리 강물 흐르는 소리까지
청청하게 들린다면

그 때 비로소 우리는 동행할까
눈빛으로도 마음을 나눌까
비바람 요란하고 땡볕 소란스러워도
네가 속삭이는 말 내가 알아듣고
내 독백도 네가 알아들을까

세상 모든 사람이 입을 다무는 날.

닭이 운다

밤을 쪼아 먹느라
입이 헐고
새벽을 뽑아내느라
목구멍이 따가워
꺼억꺼억 운다

여명은
배탈이 나도록
어둠을 살라먹고
복통을 견뎌야
돋아나는 거.

멀리서 바라보아야

어느 유명시인께서는
꽃은 가까이서 오래 들여다보아야
예쁘다고 하지만
가까이서 오래 들여다보는 새는
눈매 사납고 부리 거칠고
날개 억세고 다리는 모질다

그것이 땅을 박차고 멀리 날아올라
하늘을 흐를 때
하늘하늘 춤추는 몸

허공에 꽃잎 하나 나풀거리는 듯

멀리서 바라보아야
아름다운 것도 있다.

이른 봄에

바람 부는 날
바람 난 처자
가슴 설레설레 꽃을 품고
철 이른 블라우스를 걸치고
만날 사람도 없는
어느 한적한 카페로 들어서서
찻잔 가장자리를 어루만지며
차를 마시고 있는 동안
건너편 청년이 자꾸만 눈길을 보내고
벌써부터 알아챈 그녀는 모르는 척
창 너머 바다만 바라보느라
고개가 아파도
쉬 눈을 맞추지 못하여
바람이 나도 소용없는
어린 여자의 풋봄

삼월 머리빡에
매화 망울 맺힌다.

텃밭에서2

어리숙하게 이랑에 자리 잡은 잡초는
손으로도 뽑히고
약삭빠르게 고랑에 달라붙은 것은
손 아닌 호미 날에 걸려 잡혀 나온다

어떤 잡초는
이랑과 고랑 사이에 몸을 숨겨
깊이 뿌리 내리곤
배추가 먹을 양식을
슬금슬금 뺏어 먹으면서도
쉬 덜미 잡히지 않는다

어떤 잡초든 인생이다
제자리 또는 제자리 아닌 곳에서
누군가의 밥으로 그릇을 채우면서도
유유히 살아가는
어떤 인생은 잡초다

집과 길을
속과 겉을
세상과 세상 밖을
교묘히 들락거리는

잡초는 그러고도 잘못이 없다.

고추잠자리

텃밭에서 노는 동안
흐드러진 햇살에
꽁지가 발갛게 물들고

설익은 풋것을 덥석 베어 먹곤
맵다 매워!

뱉어낸 고추를 다시 주워 먹곤
어지러워 맴맴
허공을 돌고 도는

한낮
푸르디푸른.

우정

늦은 아침
휑한 시장거리에서
낡은 점퍼 차림의 남자 둘
우연히 만난 듯

얼굴이 많이 상했네, 무슨 일 있었나?
밥은 묵었나? 안 묵었제
이리 온나, 내 따라 온나

근처 국밥집으로
끌리는 척 이끌려 들어가는
더 앙상한 남자의
뱃골이 홀쭉
눈시울이 푸르죽죽.

어느 눈부신 오후에

살아 있는 동안
얼마나 더 밥을 짓고
거실을 쓸고
머리를 감아야 하나, 문득
일상이 식상할 때
해마다 만발하여
목젖까지 웃고 있는 벚꽃

시장에 들러 먹거리를 사고
빨래를 씻어 말리는
다람쥐 쳇바퀴 같은 노동이
칫솔질과 별 다를 게 없어, 다시
일상이 시들할 때
만발한 벚꽃들 이내 떨어지고
빈 가지에 글썽글썽 매달린 햇살

돋아나서 저물어 가는 저 봄을
숨 쉬는 동안
몇 번이나 더 마중하고 배웅할까, 새삼
하루하루가 소중할 때
벌떡 일어나 창을 닦는다
창으로 스며드는 싱그러운 하늘

살아 있어서 해야 할 것들이
살아가는 이유임을.

삶이 고독할 때 목숨이 보인다

깁스에 갇혀 두문불출
전화 한 올 없고
시간이 멈춘 듯 천지가 뚫린 듯
적요한 대낮

거실 바닥에 고인 햇살 속에 앉아
시집을 읽는 중에
잘못 걸려온 전화가
잠시 고요를 흔들고

그 바람에
현관 벽에 기대선 목발이
밖으로 나가려는 듯 움찔
성한 다리도 움찔

떠돌아다니느라 지쳐 쓰러진 발목이
햇살을 데리고 와 시를 읽어주는 동안
창가로 날아든 비둘기와 눈이 마주치고, 순간
머물고 떠남이 훤히 보이는

삶이 고독할 때.

햇살 좋은 날

이파리 하나 차이로
내가 위니 네가 아래니
견주며 으스대는
세잎클로버와 네잎클로버

행복이 행운은 잠시 스쳐지나가는 무지개라며 낮춰보고
행운은 행복이 뜨뜻미지근한 물안개라며 얕보는 동안
행복도 시들고 행운도 시들고

둘 다 시들어 스러진 자리로
잔잔히 스며드는 햇살

고저 대소가 없고
무게도 없이
어디서나 방석을 깔아주는
흔한 햇살이
행복이고 행운임을.

비련

담배에 급히 불을 붙여
숨을 들이쉬고 내쉬듯
연기를 마시고 내뱉다가
다 태우지도 않고
발로 비벼 끄듯이
그 남자는 사랑했다

여자는 떠날 수밖에 없었다.

풍선인형

안에 갇힌 바람과
밖에 자유로운 바람이
소통을 못하여
서로의 속을 알 수 없고

바람도
성깔이 있어
부딪치거나 맞지 않으면
술 잔뜩 마시고
흐느적흐느적

어느 단란주점 문 앞에
종일토록 중심을 못 잡고
앞뒤 좌우로 휘청거리고 있는
주정뱅이 한 분
또 다른 주정뱅이를 호객하느라
한 잔 더 퍼마시고

바람과 바람이
부둥켜안기는커녕
밀어내느라
온몸을 비트는

도심의 허황한 간판이여.

곰국

뼈를 푹 고았다
사리는 없었다

하얗게 우러나온 진국이 구수하여
끼니마다 밥 말아먹곤
몸속 허기를 채우고
부스럼을 지운 후
뽑아내는 노오란 똥
사리였다

죽은 소 한 마리가
법문이다.

사랑보다 질긴 것

삽짝 밖에 나가봐라
니 아부지 오시는지

구들목에 아부지 밥그릇 있다
발로 차지 마라

식솔은 돌보지 않고
술과 여자에 빠져
당신 마음대로 휘젓고 다니는
지아비 뭐가 이뻐서
따순 밥 지어놓고 기다렸는지

모진 아버지보다
어머니,
당신이 더 독하십니다.

동심

슬슬 내리다 말다
감질나게 싸락눈 오시는 날
눈사람을 만들고 싶은
어린 아이 일기장에 담긴
잡티 한 올 없이 투명하고
화두를 닮은 문장 둘

누니 와따
그리고 누니 아나따

문득 이름 석 자가

전원을 켜자
컴퓨터 화면 로그인 위로
이름 석 자 뜬다
신. 덕. 엽.

생소하다
저 사람은 누구인가
어디서 왔으며
언제 떠나는가
무엇을 살며
왜 여기 머무는가
어떻게 사랑하고 미워하는가

존재의 육하원칙이 애매모호한
저 낯선 이름은
내 묘비에 새길 마지막 약력

그대가 나를 함부로 부르더라도
나는 나를 소중히 불러야 할
무명의 존함
쓸쓸하다.

늪의 노래

강으로 가는 길을 잃은
개울끼리 모여
야윈 갈대를 살찌우고
외로운 새들이 날아들고
어진 벌레들 불러들이고

흐르지 못하여 고인 채
거무스름 그늘 깊어도
개구리가 알을 배고
소금쟁이가 곡예를 타고
바람 햇살 놀다 가고.

헛웃음

허리 구부정히
지팡이를 짚고 가던 노인이
전철역 벽에 걸린 거울 앞에 멈추더니
허리 펴고 꼿꼿이 서서
앞을 보고 옆을 보고 뒤태를 보며
한참이나 거울 앞을 떠나지 못한다

거울 속에는
등뼈 곧은 청년 한 분

어쩌나,
가슴은 아직도 시푸른데
저 허옇게 시들어 버린 백발을

거울을 떠나 몇 발짝 걷다가
다시 구부러지는 등

거울 속 청년이
지팡이 끝까지 따라와
공연히 웃는다

허 허 허……

꽃 이름을 묻는 동안 가을은 지나가고

모르면
입 다물고 있어라

알 듯 모를 듯해도
입 다물고 있어라

쑥부쟁이를 가리키며
구절초 아니냐고 묻지도 마라
구절초는 희다고 해명하는 중에
보라색도 있지 않느냐고 떼쓰지 마라

아닌 것은 아닌 것이다
아는 척하여 들통나는
빗나간 호명들

모르는 것을 모른다 말할 때
구절초면 어떻고 쑥부쟁이면 어떠랴
같은 들국인걸

이름이 헷갈려 이름이 우쭐거리고
이름 때문에 가을 한 점 놓친다.

고목

꺼지지 않는 불씨를 가슴 깊이 품고
온갖 희로애락을 자랑스레 감은
육백 살 청청한 고승께서
심장 하나 제대로 달아오르지 않고
나이테를 감추려고만 하는
철부지 '고희'를 타이르신다

왜 그러고 사나?

가속의 시대

두레박을 들고 사막으로 간다
오아시스를 퍼 올리려

곡괭이 지고 돌산으로 간다
광맥을 파헤치려

뗏목 타고 바다로 간다
보물섬을 낚으려

오아시스와 광맥, 보물섬은
옛 동화에서나 담겨 있을 법한 꿈

두레박과 곡괭이, 뗏목은
이미 한물간 연장 그리고 현장

아날로그여
디지털로 나아가라

로봇이 주문을 받고 상을 차려주는
한 끼 외식이라도 얻어먹으려면
거짓뉴스가 설치는 판에
진실 하나 건져 올릴
유튜버에 드나들려면.

황혼에 서서

이제는 안다
달팽이 등에 진 것이
집이라는 걸

저리 낮은 몸으로
땅을 기어오르는 여정은
스스로가 집이 아니면
못 할 수행이기에

이제야 안다
달팽이 등에 진 것이
짐이 아니라는 걸.

접시꽃

하늘을 우러러보기엔 목이 아프고
땅을 내려다보기엔 고개가 저려
세상을 마주보고 있는
어깨 세운 곧은 등

부끄러울 게 하나도 없다며
당당히 목 고개 쳐들고
오고가는 행인들을 빤히 쳐다보는
강렬한 눈빛 당돌한 입술

얼마나 외롭고 서러웠으면
저토록 화려하게 차려입곤
위아래 거리낌 없이
거만하게 웃고 있을까

죽어서 왕족으로 환생한
백정의 딸이여.

썰물 즈음에

애야,
썰물 후 질퍽한
뻘 속으로 들어가 보렴
비닐 장옷을 걸치고
튼튼한 장화를 신고
바다 밑바닥으로 들어가 보렴
한 발 두 발 내딛는 게 쉽지 않을 거야
뻘 깊숙이 빠진 다리를 들어올리는 일
만만치 않을 거야
그러는 중에 귀한 숨구멍을 찾아내곤
팔목까지 손을 넣어 잡아 올린
낙지를 흔들며 환호할 거야

애야,
삶도 그런 거란다
뻘 같은 세상은
장화를 신어야 하고
다리를 조심조심 내딛어야
한 마리 낙지를 얻을 수 있는 거란다
그토록 사무친 노동이란다.

강은 무심히 흐르고

겨울은 오고야 말겠지
추울 것이고
마른 피부에 살비듬 돋을 것이고
바다 산책이 뜸할 것이고
창을 꽁꽁 닫아 습할 것이고
오래 칩거할 것이고
종종 술로 끼니를 때울 것이고
등 돌린 친구의 소식을 기다릴 것이고
여전히 폭식은 계속될 것이고
그러다가 겨울은 가고야 말겠지

꽃보다 단풍이 어여쁘고
낙엽보다 목련망울이 처연하고
햇빛보다 달빛이 눈부시고
오르막보다 내리막이 가파른
세월의 구비에서
나이테를 풀어 헤치고
겨울을 배웅하는 동안
봄 또한 오고야 말겠지.

집에서 단발하는 날

지나온 세월만큼 거쳐 온 삶만큼
긴 머리칼이 추리하고 볼품없어
가위로 싹둑 자르는 날

봄 한가운데서
벚꽃이 지고 있었다
거리에 시든 머리칼들이 흩날리고 있었다.

가을

속눈썹에 그늘 맺힌
웃으면 덧니가 서러운
그녀가 저만치 다가온다
비에 젖은 어스름을 밟고
길고양이 등을 쓰다듬으며
골목길을 돌아 나온다
아직도 맨발인 채
겉옷 하나 덧걸치고
흐린 바람을 감고 온다
저녁 늦게 도착한 그녀는
발을 씻고 창가에 선다
무엇을 남겨두고 온 듯
누군가를 떠나온 듯
창가를 서성거리다가
창밖 어둠을 뒤지다가
이른 잠자리에 든다
더디 오는 잠 기다리며
꿈을 꾸는 중에 스르르 잠든다
잠 속에서 덜 꾼 꿈을 꾸는지
중얼중얼 돌아눕는다.

어둠의 문턱

발목을 삐었다
계단에서 넘어진 것도 아니고
문턱에 채인 것도 아니고
누가 밀어뜨린 것도 아니고
낚아챈 것도 아니고
어둠에 걸려 넘어졌다

이슥한 밤

불 켜진 거실에서
불 꺼진 안방으로 가는 길이
그토록 위험한 줄 몰랐다
음양의 경계가 그리 높은 줄 몰랐다
평평한 길에도
함정이 있는 줄 몰랐다.

화해

끓는 물속에
쓰고 억센 나물을 삶아보면
알아채리라
물과 불은 적이면서도
한 뜻으로 동행하면
못 먹을 것도 먹을 수 있게끔
혁명을 일으킨다는 것을.

봄앓이

똑 똑 똑
어디서 누군가
조심조심 문 두드리는 소리

흑 흑 흑
어디서 누군가
숨어 흐느끼는 소리

등 돌린 사람 되돌아와서
다시 문턱을 넘을까봐
방문 꼭 닫고 열어주지 않는

떠나보내야 할 사람 보낼 수 없어
걸어 잠근 가슴 속으로
눈물방울 하염없이 고이는

짧은 봄
긴 이별
대책 없는 사랑.

솜다리

고산 외진 곳에서
햇살 바람으로
찌든 피를 걸러내는
하얀 꽃

맑고 깨끗하여
실핏줄까지 보일 듯

어쩌다 손에 닿는
먼지와 얼룩을 못 견디는
모진 결벽증

씻고 또 씻어
손금까지 지워질 듯

내려오너라
오염 질펀한 거리에서
너를 더럽혀라
그게 삶이다.

*솜다리: 고지에 사는 에델바이스 일종.

단풍

노을이 내려앉다가 흩어져
나무 가지에 널려 있나

바람이 가지에 걸려 찢어져
여기저기 피멍 자욱한가

어여쁘기도 처연하기도 한
저 빛은 어디서 온 걸까

나무의 한 생이 떨고 있는
시월 끝자락에서 햇살마저 시리다

시려서
발갛게 얼었나.

후기

씨를 품어 키워 낳는 일
비장하고 충만하다지만

씨암탉은 삶아 먹히고
씨감자는 오래 방치되어 썩고
씨받이는 새끼를 팔아넘기고

시를 잉태하고 출산하는 일
비정하고 허망하다 때로는.

끝까지 읽어주신 분들께 감사드리며
저자 올림.

신덕엽 제16시집

꽃이라서 아프다

초판1쇄 발행 2023년 1월 2일

지은이 신덕엽
펴낸이 이길안
펴낸곳 세종출판사

주소 부산광역시 중구 흑교로 71번길 12 (보수동2가)
전화 051－253－2213~5
팩스 051－248－4880
전자우편 sjpl5898@daum.net
출판등록 제02-01-96

ISBN 979-11-5979-560-2 03810

정가 10,000원

이 책은 저작권법에 따라 보호받는 저작물이므로 무단전재와 무단복제를 금지하며, 이 책 내용의 전부 또는 일부 내용을 재사용하려면 사전에 저작권자와 세종출판사의 동의를 받아야 합니다.

* 잘못된 책은 교환해 드립니다.